E T H

II

E T F

Von Ausführung bis Einkommen

Christoph Zimmermann

Impressum

Bibliografische Information der Deutschen Nationalbibliothek: Die Deutsche Nationalbibliothek verzeichnet diese Publikation in der Deutschen Nationalbibliografie; detaillierte bibliografische Daten sind im Internet über dnb.dnb.de abrufbar.

© 2020 Christoph Zimmermann

www.liquifinanz.de

kontakt@liquifinanz.de

Lektorat: Jennifer Gahner

Herstellung und Verlag:

BoD – Books on Demand, Norderstedt

ISBN: 9783750409910

Inhaltsverzeichnis

Vorwort   9

Kontenmodell   11

Der Anlagehorizont   17

Die vier verschiedenen Anlegertypen   19

Was ist ein ETF?   22

Der Unterschied zwischen ausschüttenden

und thesaurierenden ETFs   23

Der Unterschied zwischen physisch und

synthetisch replizierenden ETFs   25

Die wichtigsten Aktienindizes der

Weltwirtschaft   28

Die Risiken von Exchange Traded Funds   32

Die Renditen von ETFs   37

Den richtigen ETF finden   40

Die Wahl des richtigen Depots   45

Musterportfolio kennenlernen   47

High Dividend Exchange Traded Funds   53

Die Dividendenaristokraten   55

ETFs als passive Einkommensquelle   58

Die wichtigsten Begriffe der Börse   59

Das Fazit über Exchange Traded Funds   71

Haftungsausschluss   73

ETF

Von Ausführung bis Einkommen

Vorwort

Dieses Buch soll den Lesern, die sich für die risikoarme Kapitalanlage in Form von ETFs (Exchange Traded Funds) interessieren, dabei helfen den Weg zu einem passiven Einkommen zu bestreiten. Neben dem
komplexeren Thema der ETFs, wird auch auf die Auswahl der Depots und Gebühren eingegangen, gefolgt
von Erklärungen der Indizes sowie verschiedener
Formen von ETFs.

Zum Ende des Buches, sollte es den Lesern selbstän-
dig und mit dem nötigen Wissen gelingen ein Depot zu
eröffnen und Sparpläne für ETFs anzulegen.

Sollten Sie noch kein Kontenmodell zum Verwalten
Ihrer Finanzen besitzen, rate ich Ihnen dringlichst
dazu. Denn nur wer seine Finanzen penibelst genau

im Überblick hat, wird die wahre Freude des Sparens und Vermögensaufbaus erfahren.

Das Kontenmodell

Seine eigenen Finanzen im Überblick zu behalten, kann schon mal das ein oder andere graue Haar zum Vorschein bringen. Darunter fallen sowohl monatliche Fixkosten als auch der etwaige Defekt wichtiger Geräte wie dem PC zum Arbeiten, dem Auto oder die Planung einer Reise; denn man möchte das Leben ja schließlich auch genießen. All diese Punkte zu erfüllen scheint manchen Leuten mit nur einem Konto (meist ist es das normale Girokonto) zu viel oder sogar unmöglich zu sein. Ich zeige Ihnen nun anhand eines 5-Konten-Modells, wie Sie Ihre Finanzen in den Griff bekommen.

Damit so ein Modell überhaupt richtig funktioniert, muss man den Sinn dahinter begreifen und etwas Disziplin zur Einhaltung aufbringen. Im besten Fall entwickeln Sie sogar Freude am Sparen. Sie können die verschiedenen Konten auch beliebig erweitern. Wie viele Konten es letztendlich werden entscheiden Sie danach, wie Sie Ihrer Meinung nach am besten den Überblick bewahren.

Zuerst müssen Sie Ihre Fix- und Nahrungskosten be-rechnen und diese von Ihrem Einkommen abziehen. Mit dem übrigbleibenden Betrag bedienen Sie Ihre anderen Konten in prozentualer Aufteilung. Diese kann wie folgt aussehen (Die Verteilung sollte jedoch nach Bedürfnis selber angepasst werden):

- Konto für Notfälle: 30 %

- Konto der Wünsche: 20 %

- Konto für Kapitalanlagen: 25 %

- Konto der Absicherung: 25 %

Unbezahlte Werbung*

Die App „VIVID" eignet sich perfekt für das Konten-modell. Einmal ein Konto eröffnet, können Sie bis zu 15 Pockets mit eigener IBAN erstellen. So haben Sie eine hervorragende Übersicht über Ihre Konten. Zusätz-lich bekommen Sie noch bis zu 10% Cashback auf Ihre Einkäufe. Das Cashback können Sie direkt mit Aktien verbinden und wachsen lassen. Unter dem folgenden Link bekommen Sie zusätzlich ein 20 € Willkommensge-schenk, sobald Sie Ihren ersten Einkauf über 20 € getä-tigt haben: https://tinyurl.com/vivid20

1. Konto: Das Gehalts- und Allroundkonto

Das wichtigste Konto besitzen Sie mit hoher Wahrscheinlichkeit bereits: Das Girokonto. Sie empfangen auf diesem Konto nicht nur Ihr festes Gehalt (dieses Modell funktioniert auch in der Selbstständigkeit), sondern bedienen von hier aus auch alle weiteren Konten. Fixkosten wie Miete, Autoversicherung, Lebensunterhalt usw. werden von diesem Konto abgebucht. Für einen besseren Überblick empfiehlt sich jedoch ein extra Konto für den Lebensunterhalt zu führen, auf das Sie monatlich einen Fixbetrag, welchen Sie im Vorfeld ermittelt haben, überweisen.

Nur bedenken Sie, dass nicht jedes Konto kostenlos ist und monatliche Gebühren fällig werden könnten. Hier macht es Sinn ein Konto mit Grundgebühr anstelle von Transaktionskosten zu wählen.

2. Konto: Das Konto für den Notfall

Es ist unerlässlich ein Konto für „Notfälle" zu führen. Wer kennt es nicht, plötzlich geht der Kühlschrank kaputt und muss schnell ersetzt werden und in der Woche darauf springt Ihr Auto nicht mehr an und muss in die Werkstatt. Damit Sie auf solche Vorfälle vorbereitet sind und nicht auf ihre Kapitaleinlagen zurückgreifen müssen (übrigens ein absolutes No-Go), ist es nötig ein „Notfallkonto" zu führen. Für ein solches Konto empfiehlt sich entweder eine BAR-Kasse zu Hause oder ein Tagesgeldkonto, damit Sie schnellstmöglich an Ihr Geld kommen. Es empfiehlt sich auch dieses Konto mit einer gewissen Summe zu begrenzen. Diese bestimmen Sie nach Ihren Ansprüchen. Sollte diese Grenze irgendwann erreicht sein, steht Ihnen diese Summe monatlich zur Verfügung und Sie können sie nach eigenem Ermessen auf ein anderes Konto verschieben. Hier empfiehlt sich zunächst das Absicherungskonto, oder Sie teilen die Summe auf mehrere Konten auf. Muss das Notfallkonto geplündert werden, wird es monatlich wieder mit dem ursprünglichen Betrag aufgefüllt, bis es gedeckelt werden kann.

3. Konto: Das Konto der Wünsche

Wie hier der Name bereits verrät, ist das Konto der Wünsche ausschließlich für Ihr Vergnügen. Dieses

Konto darf nicht unterschätzt werden, ohne dieses Konto bekommen wir sonst sehr schnell das Gefühl verzichten zu müssen. Als **Folge würden wir unseren Spaß am Sparen verlieren.** Ob Sie für ein neues Auto oder vielleicht eine langersehnte Reise sparen wollen ist ganz Ihnen überlassen. Auch kleine Wünsche wie der Besuch eines Konzertes, die Anschaffung neuer Kleidung oder einfach nur das Ausgehen mit Freunden werden mit diesem Konto erfüllt Auch hier empfiehlt sich ein Tagesgeldkonto oder eine Kreditkarte auf Guthabenbasis für spontane Wünsche.

4.Konto: Vorsorge und Kapitalanlagen

Für dieses „Konto" brauchen Sie zunächst ein Depot. Dazu gibt es ein gratis Guthabenkonto, welches gleichzeitig auch Ihr Depot Verrechnungskonto sein wird. Auch hier empfiehlt es sich einen gewissen Prozentsatz Ihres Nettoeinkommens monatlich auf dieses Konto zu überweisen. Oder Sie lassen die Sparpläne von Ihrem Referenzkonto (Konto Nr. 1) per Lastschriftverfahren abbuchen.

5. Konto: Das Konto der Absicherung

In mancher Wirtschaftslage oder bei Sonderfällen wie zum Beispiel einer Pandemie wie im Jahre 2020, kann es unerwartet zum Verlust der Arbeit kommen. Nichts ist schlimmer und erdrückender, als die Unwissenheit die laufenden Fixkosten nicht bezahlen zu können. Deshalb ist das „Absicherungskonto" auch so wichtig. Wie bei den anderen Konten überweisen Sie monatlich einen gewissen Prozentsatz bis Sie Ihr selbst bestimmtes Limit erreicht haben. Das Limit sollte so hoch sein, dass Sie damit mindestens drei - besser bis zu sechs Monaten - alle Kosten bedienen können. Sollten Sie dieses Limit erreicht haben, so können Sie die monatliche Zahlung wieder auf ein oder mehrere andere Konten aufteilen. Auch hier empfiehlt sich wieder ein Tagesgeldkonto, um im Fall der Fälle schnellen Geldzugriff zu haben.

Der Anlagehorizont

Der Anlagehorizont beschreibt, wie lange Sie Ihr Kapital anlegen möchten. Grundsätzlich lässt sich dies in drei Stufen unterteilen; kurz-, mittel- und langfristig. Die Wahl des Anlagehorizonts hängt von den persönlichen Anlagezielen ab.

Kurzfristige Anlagen gehen in der Regel nicht über die 24-monatige Anlagedauer hinaus. Hierbei hat Liquidität die höchste Priorität. Die typisch kurzfristige Anlage besteht aus einem Sparbuch oder einem Tages- oder Festgeldkonto. Kurzzeitige Investitionen in bestimmte Aktien sind ebenfalls möglich, jedoch sollten Sie diese Möglichkeit im Vorfeld einmal durchrechnen, da es durch Gebühren sowohl bei Kauf, als auch bei Verkauf zu geringen Verlusten kommen kann.

Mittelfristige Anlagen haben in der Regel eine Laufzeit von 24 Monaten bis hin zu sechs Jahren. Bei einem solchen Anlagehorizont ist die Mischung aus Sicherheit, Liquidität und Rendite das ausschlaggebende Kriterium. Festgeldkonten, zeitlich begrenzte

Anleihen oder auch verschiedene Arten von Wertpapieren mit Dividendenausschüttung kommen für die mittelfristige Anlagevariante in Frage.

Der **langfristige** Anlagehorizont beginnt ab sechs Jahren. Diese Art von Anlage dient in erster Konsequenz dem Vermögensaufbau. Sicherheit und Liquidität rücken hier eher in den Hintergrund. Beim Vermögensaufbau sind Wachstum, hohe Renditen und eine breite Streuung der Schlüssel zum Erfolg. Fonds, Immobilien, ETFs oder auch bestimmte Aktien sind bei einem langfristigem Anlagehorizont die richtigen Finanzprodukte.

Für welche Klasse des Anlagehorizonts Sie sich entscheiden, ist abhängig von Ihrer Einstellung gegenüber Risiko und Rendite. Für manchen Anleger kann auch eine Anlagenmischung der Schlüssel zum finanziellen Glück sein.

Die vier verschiedenen Anlegertypen

Zunächst gilt es herauszufinden, welche Art Anleger-typ man sein möchte. Um dieses zu ermitteln, müssen Sie folgenden vier Beschreibungen der Anlegertypen durchlesen und für sich ermitteln, mit welchem Typus Sie sich am besten identifizieren können.

Der Substanzorientierte

Dem substanzorientierten Anleger ist die Sicherheit seiner Anlage und somit der Erhalt seines Kapitals sehr wichtig. Zum Beispiel spielen hier Tagesgeld-konten und Sparbücher eine Rolle, die in jedem Fall Renditen garantieren. Man muss hier jedoch beach-ten, dass das Geld durch die Inflation an Wert verlie-ren und die geringen Renditen dieser Anlagemetho-den diesen Verlust oft nicht ausgleichen können.

Der Ertragsorientierte

Der ertragsorientierte Anleger kann mit etwaigen Kurs- und Zinsschwankungen umgehen und trotz-dem hat die Sicherheit seiner Kapitalanlage die höchste Priorität. Investiert wird beispielsweise in festverzinste Wertpapiere oder Rentenfonds. Auch hier kann es vorkommen, dass die Inflation nicht ausgeglichen werden kann.

Der Wachstumsorientierte

Ein wachstumsorientierter Anleger geht höhere Risiken ein, um hohe Renditen zu erzielen. Ihm ist wichtig, dass seine Anlagen steigen. Dafür eignet sich das Investieren in ETFs und Aktien von Unternehmen mit stabilen Indizes (z.B. dem Dax oder dem NASDAQ-100).

Der Chancenorientierte

Als chancenorientierter Anleger möchte man die höchst möglichen Gewinne und Renditen erzielen und nimmt die Sicherheit einer Anlage nicht primär in den Fokus. Ein hohes Maß an Risikobereitschaft ist gefordert, um Spekulationen an Kurs- und Währungsschwankungen nachzugehen. Vorsicht ist geboten, denn je höher die Gewinnerwartung ist, desto höher ist ebenfalls das Verlustrisiko. Investiert wird in Einzelaktien und ETFs. Außerdem werden Optionsscheine und Derivate gehandelt, in der Hoffnung auf hohe Gewinne – bei totalem Verlustrisiko.

Was ist ein ETF

Die Abkürzung ETF steht für Exchange Traded Fund und ist ein an der Börse gehandelter Indexfond [1], der den Wert und die Kursentwicklung des jeweiligen Index abbildet. Ein ETF kann sowohl Aktien von diversen Unternehmen, sowie Rohstoffe und Immobilien umfassen und sorgt somit für eine breite Streuung der Anlage.

Im Vergleich zu aktiv gehandelten Investmentfonds sind ETFs bis zu einem Drittel günstiger, was sich positiv auf die Renditen auswirkt. Die meisten ETFs haben einen TER (Total Expense Rate = Gesamtkostenquote) von 0,2 bis 0,5 Prozent *per annum* und werden Ihnen jährlich vom investierten Fondsvolumen abgezogen.

Nachfolgend werden zunächst die Unterschiede von synthetisch und physisch replizierenden ETFs erläutert sowie die Vor- und Nachteile von ausschüttenden und thesaurierenden ETFs dargelegt.

Der Unterschied zwischen ausschüttenden und thesaurierenden ETFs

Wie bereits im vorherigen Kapitel „Was ist ein ETF" angesprochen, gibt es nicht nur Unterschiede in den Replikationsmethoden, sondern auch beim Erhalt oder Verarbeitung der Dividenden. Hier wird zwischen ausschüttenden und thesaurierenden ETFs unterschieden.

Ausschüttende ETFs

Bei ausschüttenden ETFs handelt es sich um solche, die dem Anleger seine Dividenden in regelmäßigen Abständen auszahlen. In welchem Zeitraum und Abständen die Ausschüttung erfolgt, hängt vom jeweiligem ETF ab und kann im Quartal, halb- oder jährlich passieren. In dem Fall kann der Anleger selbst entscheiden, was mit seinen gewonnenen Erträgen passieren soll. Für den Zinseszinseffekt sollte die gewonnenen Renditen wieder in Finanzprodukte eingezahlt werden.

Thesaurierende ETFs

Bei einem thesaurierenden ETF werden die gewonnenen Erträge automatisch wieder in den bereits investierten ETF eingespeist. Dadurch muss sich nicht um die Wiederanlage gekümmert werden und Anleger profitieren dabei automatisch vom Zinseszinseffekt und sparen die neue Ordergebühr, die je nach Broker durch Einzelkäufe erhoben wird.

Der Unterschied zwischen physisch und synthetisch replizierenden ETFs

Wie im vorangegangenen Teil des Buches erwähnt, gibt es mehrere Arten der Replikationsmethoden, physisch, synthetisch und optimiert.

Ein **physischer** ETF gibt die Vollreplikation eines Index wieder. Er spiegelt zu 100 Prozent die Gewichtung der Aktien bei einem kleineren Index wie beispielsweise dem deutschen Aktien Index (DAX), welcher nur 30 der wichtigsten, deutschen Unternehmen listet. Bei manchem Index (z.B.: mit einer Listung von mehr als 1000 Unternehmen) ist eine Vollreplikation jedoch nicht sinnvoll und man spricht von einer Teilreplikation. Bei einer Teilreplikation werden nur die Unternehmensaktien gelistet, die den Index am besten und genausten abbilden. Hier spricht man vom *Sampling*. Beim *Sampling* kann es passieren, dass es Abweichungen gegenüber dem abzubildenden Index gibt, genannt *Tracking Error*.

Ein **synthetischer** ETF (auch SWAP ETF) repliziert den Index anhand von Tauschgeschäften zwischen zwei Partnern, so genannten *Derivaten*. Es wird nicht ausschließlich in die Werte des zu replizierenden Index investiert, trotzdem versucht der Swap Partner die Wertentwicklung des Index bestmöglich abzubilden.

ETFs mit einer **optimierten** Replikation kaufen nur die wichtigsten oder liquidesten Titel mit dem größten Einfluss auf die Indexperformance. Diese Replikationsmethode wird auch als „Physisches Sampling" bezeichnet.

Vor- und Nachteile der Replikationsmethoden

Der Vorteil von synthetischen ETFs ist, dass nicht wie bei einem physischen ETF die genauen Werte des Index erworben werden müssen. Dadurch fällt der Verwaltungsaufwand geringer aus. Oftmals sind synthetische Replikationen demnach günstiger.

Ein nicht unerheblicher Nachteil bei synthetischen Replikationen ist die eintretende Zahlungsunfähigkeit (Insolvenz) des Swap-Partners. Beim Eintreten eines solchen Falles kann und wird der Kurs des ETFs rapide nach unten stürzen. In so einer Situation ist mit starken Einbußen bis hin zum Totalverlust zu rechnen.

Näher wird diese Thematik in dem Kapitel *Die Risiken von Exchange Traded Funds* behandelt.

Die wichtigsten Aktienindizes der Weltwirtschaft

Anleger, die risikoarm und sicherheitsorientiert Geld in Form von ETFs anlegen möchten, sollten stets auf eine breite Streuung in Form von. Aktien-, Anleihen-, Rohstoff- und Immobilien-ETFs achten. Diese ETF Gliederung kann auch zusätzlich noch in Regionen unterteilt werden. Für Anleger, die zunächst klein anfangen wollen oder generell für Anleger mit kleinerem Budget, eignet sich ein ETF, der den Index „MSCI World" abbildet.

Der MSCI World Index

Den größten Teil dieses Indexes bilden die USA mit einem Anteil von mehr als 65 %. Darauf folgen Japan mit 8 %, Großbritannien mit 5 %, Frankreich und die Schweiz mit 3 %. Der MSCI World zählt insgesamt 23 Industrieländer und enthält mehr als 1.600 Aktien. [2]

Der MSCI Emerging Markets

Hier bildet die Volksrepublik China mit 34 % den größten Anteil. Darauf folgen Südkorea und Taiwan mit 12 %, Südkorea mit 9 % und Indien mit 7 %. In diesem Index sind 26 Schwellenländer, mit mehr als 1.400 Aktien gelistet. [3]

Wer sich diese beiden Indizes in Kombination anlegt, investiert und profitiert somit durch die gesamte Weltwirtschaft.

Der S&P 500

In diesem Index werden 500 der größten börsenorientierten US-amerikanischen Unternehmen gelistet. Der S&P 500 gehört zu den meistbeachteten Aktienindizes der Welt. Er spiegelt die Wertentwicklung der gelisteten Unternehmen wider und gilt daher als Indikator für die Entwicklung des gesamten US-amerikanischen Aktienmarktes. [4]

Zusammensetzung: *Apple, Microsoft, Visa, Netflix, PepsiCo, **uvm.***

Der STOXX Europe 600

Dieser Index spiegelt die 600 größten europäischen Unternehmen. Unter allen europäischen Indizes hat sich der STOXX Europe 600 zu einem der Referenzindizes Europas entwickelt. Er ist nicht nur auf die europäische Zone beschränkt, denn auch Länder wie u.a. die Schweiz und das Vereinigte Königreich werden in diesem Index gelistet. [5]

Zusammensetzung: *Nestle, SAP, Linde, Volkswagen, Deutsche Telekom, **uvm.***

Der Nikkei 225

Der Nikkei 225 ist der japanische Leitindex und somit der wichtigste und bedeutendste Index Asiens. Wie der Name bereits darlegt, listet dieser Index die 225 größten Unternehmen des japanischen Raums.

Zusammensetzung: *Fujifilm, Fujitsu, Tokyo Gas, Sony Corporation, Mitsubishi,* **uvm.**

Der NASDAQ 100

Anleger, die ein gesteigertes Interesse an Technik haben, sollten ein Augenmerk auf den NASDAQ 100 legen. In diesem Kursindex sind 100 Aktien mit einem erhöhten Anteil im Technologiebereich gelistet. Daher wird dieser Index auch als der Technologieindex der vereinigten Staaten angesehen. Der amerikanische Finanzsektor ist in diesem Index nicht vertreten.

Zusammensetzung: *Amazon, Google (Alphabet), Facebook, Intel, Tesla, PayPal* **u.v.m.**

Die Risiken von Exchange Traded Funds

Obwohl Investitionen in ETFs als risikoarm gelten, bleiben sie dennoch ein Finanzprodukt, welches auch gewisse Risiken für Anleger bilden kann. Auf diese Risiken wird in diesem Kapitel etwas genauer eingegangen.

Das Markt-Risiko

Obwohl ETFs dank ihrer breiten Fächerung schon eine Diversifikation bilden, besteht trotzdem noch ein gewisses Markt-Risiko. Wirtschaftlicher Wandel - herbei geführt durch Naturkatastrophen, politische Differenzen oder die konjunkturelle Lage - wirkt sich auf die Indizes und somit auch auf den daraus ausgelegten ETF aus.

Das Wechselkurs-Risiko

Nicht jeder ETF wird in der gleichen Währung angeboten. Als Beispiel seien die Währung beim *S&P 500* genannt, die in US-Dollar notiert wird, beim *STOXX Europe 600* in Euro und beim *Nikkei 225* in Yen. Nun sind die Schwankungen beim Kauf und Verkauf des Wechselkurses zu beachten. Hier ein Beispiel: Verkauft man einen ETF in einer Phase, in der der Kurs des US-Dollars schwächer ist als beim Kauf, wirken sich die Kursabschläge auf die Rendite aus.

Das Risiko des Tracking Errors

Wie bereits zu einem früheren Zeitpunkt des Buches erklärt, kann es bei physischen ETFs gewisse Abweichungen zu dem darauf ausgelegten Index kommen. Genau hier entstehen die Risiken: Die Abweichungen können als Renditendefizite durch die Verwaltungsgebühren eines ETFs entstehen. Aber auch zeitversetztes Ein- und Verkaufen von Aktien durch den ETF-Betreiber können Abweichungen verursachen. Hier spricht man vom so genannten Tracking Error oder auch Abweichungsrisiko genannt. Unterm

Strich gilt also, desto größer der Tracking Error und die mit sich gebrachte Abweichung, umso größer die sich daraus entwickelten Renditendefizite.

Das Risiko bei SWAP-ETFs

Bei synthetischen, bzw. SWAP-ETFs werden die Indizes durch Tauschgeschäfte mit dem SWAP-Partner oder dem Finanzinstitut getätigt. Bei solchen ETFs kann es zum Kontrahenten-Risiko kommen. Ein synthetisch replizierender ETF ist davon abhängig, dass der SWAP-Partner stets seinen Verpflichtungen gegenüber den Anlegern nachkommt. Sollte jedoch der Fall eintreffen, dass dieser SWAP-Partner bzw. das Finanzinstitut Konkurs anmeldet, fällt der Kurs des damit verbundenem ETFs und das Geld der Anleger ist somit nicht mehr verfügbar. Um diesem Risiko entgegenzuwirken, wird von vielen ETF-Anbietern eine gewisse Sicherheit von dem jeweiligen SWAP-Partner gefordert, die den tatsächlichen Wert des SWAPs deutlich übersteigt. Da es jedoch keine feste Regelung für solche Sicherheiten gibt und dieses auch nirgends verankert ist, sollte sich der Anleger über seine Investition eines solche ETFs im Klaren sein.

Das Klumpen-Risiko

Stellen Sie sich vor, Sie waren gerade Einkaufen und Sie haben Ihren ganzen Einkauf in einer Papiertüte verstaut. Was Sie auf dem Weg vom Auto bis zur Haustüre leider nicht bemerkt haben, dass Ihnen der Milchbeutel unterwegs kaputt gegangen ist und die ausgelaufene Milch die Papiertüte durchnässt hat. Kurz vor der Haustüre reißt letztendlich die Tüte und Ihr ganzer Einkauf fällt zu Boden. Hätten Sie Ihren Einkauf jedoch in mehrere Tüten aufgeteilt, so wäre nur ein Teil Ihres Einkaufs nun für die Mülltonne. Hätten Sie den Einkauf in noch mehr Tüten und andere Behälter aufgeteilt, so wäre ein noch viel geringerer Teil Ihres Einkaufes kaputt gegangen.

Genau so verhält es sich auch an der Börse: Vermeiden Sie Klumpenbildung, in dem Sie Ihr ganzes Kapital in nur ein Wertpapier stecken, auch wenn dieses mit den größten Renditen winkt. Verteilen Sie die Anlagen in verschiedene Aktien von verschiedenen

Unternehmen - in verschiedenen Branchen. Verein-
facht ginge dies auch in einzelne ETFs, da ein Index
von Haus aus weiter streut.

Die Renditen von ETFs

Das Investieren in ETFs ist eine vergleichsweise sichere und zugleich passive Art der Geldanlage. Hierbei entscheidet sich der Anleger selbst für einen Index, den der ETF nachbilden soll. Passiv ist die Anlage, weil sich kein aktiv handelnder Fondsmanager hinter einem ETF befindet, anders als bei aktiv gehandelten Investmentfonds, wie der Name schon sagt. Bei aktiv gehandelten Fonds versucht der Fondsmanager durch den Kauf und Verkauf von Aktien eine Rendite zu erwirtschaften. Hierdurch entstehen dem Anleger höhere Kosten, da der Fondsmanager für seine Arbeit auch dementsprechend entlohnt werden möchte. Diese Kosten werden dem Anleger im Laufe des Anlagezeitraums die Rendite schmälern.

Exchange Traded Funds haben den Vorteil, dass sie nicht von einem aktiven Manager geleitet werden, was die Kosten eines solchen ETFs deutlich senkt. Im folgenden Beispiel soll das Verhältnis der Kosten von aktiven zu passiven Fonds verdeutlicht werden.

Für das Beispiel wählen wir eine Geldeinlage von 25.000 € über den Zeitraum von 30 Jahren. Die monatliche Sparrate beträgt 500 €. Die Rendite wird bei beiden Typen bei 5 % p.a. (*per annum*, pro Jahr) liegen. Die Gesamtkostenquote ist als TER (Total Expense Ratio) gekennzeichnet.

*	Aktiver Fond	Passiver Fond
Anfangsinvestment	25.000 €	25.000 €
Monatliche Sparrate	500 €	500 €
Rendite pro Jahr	5%	5%
Ausgabeaufschlag	4%	0,4%
Total Expense Ratio	2%	0,5%
Investment Zeitraum	30 Jahre	30 Jahre
Reines Investment	205.000 €	205.000 €
Gesamtgewinn nach Abzug der Gesamten kosten	332.683,81 €	464.481,65 €
Differenz des Endbetrags		+ 131.797,84 €

Diese vereinfachte Rechnung verdeutlicht, wie die Kosten und Gebühren von aktiv gemanagten Fonds gegenüber den passiven ETFs unsere Rendite schmälert.

Alle Werte dienen lediglich der vereinfachten Rechnung.

Den richtigen ETF finden

Zunächst muss klar sein, dass es nicht den einen perfekten ETF gibt. Nicht nur die immense Auswahl an verschiedensten ETF-Produkten, sondern auch die verschiedenen Details, die ein ETF mit sich bringt, können den objektiven Blick trüben. Ein guter ETF zeichnet sich dadurch aus, dass er zum Anleger und seinen Zielen passt. Dennoch wird empfohlen ein paar Kriterien zu beachten. In diesem Kapitel werden die wichtigsten Kriterien behandelt.

Die Wahl der Indizes

Hat sich der Anleger für eine Region oder Branche (Aktien, Rohstoffe, Immobilien oder Anleihen) entschieden, steht die Wahl des zu abzubildenden Index an. Je breiter ein Index fächert, desto besser ist die Werte- und Risikostreuung. Mit einer der breitesten Streuung bietet der MSCI World Index größte Vorteile beim Anlegen. Je regionaler der Index, desto mehr Indizes sollte man in das Portfolio aufnehmen. Wem beispielsweise der DAX, mit nur 30 der größten gelisteten deutschen Firmen zu zentriert ist, der sollte einen Blick auf den *STOXX Europe 50* oder den noch breiter gestreuten *STOXX Europe 600* werfen.

Die Gesamtkostenquote (TER)

Die Total Expense Ratio (kurz: TER) ist einer der wichtigsten Kriterien, da sie auf lange Sicht die Rendite beträchtlich schmälern kann. Die Gesamtkostenquote gibt einen Teil der jährlichen Kosten wieder, die beim Anbieter anfallen und jährlich von Ihrem investierten Fondsvolumen abgezogen werden. Zusätzlich fallen noch Kosten an, die nicht in die Gesamtkostenquote einfließen, wie u.a. Ordergebühren bei Sparaufträgen. Diese Gebühren werden jedoch beim Finanzinstitut, dort wo Sie Ihr Depot haben, ausgewiesen.

Das Fondsalter

Je länger ein ETF schon auf dem Markt ist, je größer dürfte das Gesamt-Fondvolumen sein und desto besser wurde der ETF in den Markt eingeführt. Daher spielt das Alter eines ETF eine nicht zu unterschätzende Rolle. Ein Alter gibt sehr viele Information wieder, wie zum Beispiel die jährliche Entwicklung oder die Höhe und Häufigkeit der Dividendenausschüttung. So lässt sich ein älterer ETF besser mit den Finanzprodukten der konkurrierenden ETF-Anbieter vergleichen.

Das Fondsvolumen

Ein weiter wichtiger Indikator neben dem des Fondsalters ist das Fondsvolumen. Fonds mit einem Volumen unter 100 Mio. Euro gelten bei Experten als nicht sicher. Der Vorteil eines großen Fonds ist, dass die Gesamtkostenquote meist niedriger ausfällt.

Der Anbieter

Dass ETFs immer größerer Beliebtheit erlangen merkt man an dem stetig wachsenden Markt. Dies bedeutet Wettbewerbsdruck für die Anbieter und senkt somit die allgemeine Gesamtkostenquote. Die größten und geläufigsten Anbieter sind *iShares, Lyxor, UBS, Amundi, Vanguard* und *ComStage*. Bei den meisten

Depotbetrieben kann expliziert nach diesen Anbietern gesucht werden. Jedoch ist Vorsicht geboten: Mancher Onlinebroker bietet nur Sparpläne für bestimmte Anbieter an. Dies sollte bei der Auswahl des Brokers und Depots berücksichtigt werden.

Die Wertentwicklung

Die Wertentwicklung zeigt uns, wie „produktiv" ein ETF wirklich ist und setzt sich aus mehreren Faktoren zusammen. Die Entwicklung sollte von Jahr zu Jahr betrachtet werden, da ETFs genau so wie die darauf abgebildeten Indizes wirtschaftlichen Schwankungen ausgesetzt sind.

Der ETF-Sparplan

Wer kontinuierlich aber doch Schritt für Schritt sein Vermögen aufbauen möchte, der kommt nicht an einem ETF-Sparplan vorbei. Mit nur wenigen ETFs in einem Portfolio können Anleger bereits eine hohe Diversifikation erzielen, welche dann durch monatliches Besparen ihren Teil zum Vermögensaufbau leisten. Jedoch ist nicht jeder ETF bei jedem Broker sparplanfähig. Die meisten sparplanfähigen ETFs sind bei Direktbanken wie der „comdirect" zu finden.

Die Wahl des richtigen Depots

Um überhaupt mit Wertpapieren, ETFs oder Anleihen und Zertifikaten handeln zu können, wird ein Depot benötigt. Dieses führt man parallel zum Girokonto. Entweder bei der Hausbank oder bei einer von zahlreichen Direktbanken. Zunächst müssen die Kosten eines Depots überblickt werden. Bei den meisten Direktbanken fallen die Gebühren für ein Depot gänzlich weg. Dennoch sind auch bei solchen Banken mit Gebühren zu rechnen. Order-, Limit- oder auch Fondsgebühren sind nur ein paar Punkte auf der Kostenliste, die anfallen können.

Ordergebühren fallen bei einem Kauf oder einer Sparplanorder von Wertpapieren oder ETFs an. Bei einem direkten Kauf besteht dieser Betrag aus einer festen Gebühr, bei einer Sparplanorder bildet sich die Gebühr durch einen festen Prozentsatz des Sparbetrags.

Limitgebühren entstehen beim Setzen von Orderlimits an.

Fondsgebühren oder auch Verwaltungsgebühren fallen einmal jährlich an und werden vom bereits investierten Fondsvolumen abgezogen.

Im Internet gibt es diverse Auflistungen über Direktbanken und deren sparplanfähige ETFs. Ist ein Anleger im Vorfeld noch nicht sicher, welche ETFs bespart werden sollen, ist eine Direktbank mit vielen sparplanfähigen ETFs die bessere Wahl. Bei vereinzelten Onlinebrokern können ETFs schon ab €10 bespart werden und sind somit für Anleger mit geringerem Anlagehorizont die bessere Wahl.

<u>Unbezahlte Werbung*</u>

Bei dem mobilen Onlinebroker „Trade Republic" kaufen Sie Wertpapiere für nur 1 € pro Ausführung. Zusätzlich gibt es weit über 1.000 sparplanfähige Aktien und ETFs mit 0 % Orderprovision. Unter dem folgenden Link bekommen Sie zusätzlich ein Willkommensgeschenk von 15 €, sobald Sie Ihren ersten Kauf getätigt haben: https://tinyurl.com/15top

Musterportfolios kennenlernen

Musterportfolios sind nützlich und dienen frisch gewordenen Anlegern zur Inspiration und zur Unterstützung. Die Faktoren wie Risikoverteilung, Gewichtung der Branchen und Strategien für ein zielgerichtetes Investment wurden bei der Erstellung von solchen Musterportfolios bedacht. Nun folgen einige solcher Portfolios als Beispiele. Auf Seiten wie www.justetf.com ist eine große Auswahl solcher Musterportfolios zu finden.

Welt-Aktien und Emerging Market

Dieses Portfolio investiert in Aktien aus Industrie- und Schwellenländern auf der ganzen Welt. Es setzt sich aus nur zwei ETFs zusammen und ist daher für Anlegerneulinge eine interessante Investmentform. Lediglich muss auf die Gewichtung der ETFs muss geachtet werden, um damit die Risikostreuung zu gewährleisten.

1. MSCI World   75 %
2. MSCI Emerging Market   25 %

Weltportfolio 30

Dieses Musterportfolio investiert 30 % in Aktien weltweit und 70 % in europäische Staatsanleihen. Auch bei diesem Portfolio werden die Indizes der Industrie und Schwellenländer genutzt. Hinzu kommt ferner ein Anleihen ETF.

1. MSCI World   20 %
2. MSCI Emerging Market   10 %
3. Staatsanleihen Fond   70 %

Gerd Kommer Strategie 2018

Nach *Kommer* besteht das Gesamtportfolio eines Anlegers aus einem „risikofreien" und einem risikobehafteten Teil. Dabei ist die Auswahl der ETFs die gleiche wie beim *Weltportfolio 30, jedoch* durch eine andere Gewichtung wesentlich weniger risikobehaftet. [6]

1. MSCI World   50 %
2. MSCI Emerging Market   20 %
3. Staatsanleihen Fond   30 %

Nachhaltigkeit ESG Screened Global BIP

Dieses Portfolio investiert ausschließlich in „ESG-Screened" Index Aktien. Damit können Anleger am Gewinn des Aktienmarkts beteiligt sein, ohne dabei in ethisch fragwürdige Unternehmen zu investieren. [7]

1. Index Equity Global Low Carbon   60 %
2. MSCI Emerging Markets Socially Responsible
   40 %

justETF Dividenden 50

„Mit diesem ausgewogenen Musterportfolio aus 50 Prozent globalen Aktien und 50 Prozent europäischen Staats- und Unternehmensanleihen investieren Sie weltweit in die verlässlichsten, dividendenzahlenden Unternehmen wie Danone, Coca-Cola und McDonald's." Quelle: www.justetf.com

1.	Aktienfond aus Europa	10 %
2.	Aktienfond aus Asien-Pazifik	20 %
3.	Aktienfond aus Großbritannien	5 %
4.	Aktienfond aus den vereinigten Staaten	15 %
5.	Staatsanleihen Fond Europa	35 %
6.	Unternehmensanleihen Fond Europa	15 %

Die ARERO Weltstrategie (für Experten)

Dieses Portfolio verfolgt eine langfristige Anlagestrategie. Die Diversifikation ergibt sich durch die Aufteilung in Aktien-, Renten- und Rohstofffonds. „Die ARERO Strategie können Sie auch über einen Publikumsfonds (ISIN: LU0360863863) der DWS Investments S.A. investieren. Dies ist besonders kosteneffizient für Sparpläne und Anlagebeträge unter 10.000 Euro. Die laufenden Kosten lagen zum 31.Mai 2020 bei 0,50 Prozent pro Jahr (ohne Ausgabeaufschlag). Dieser ARERO Weltfonds nimmt zweimal im Jahr ein planmäßiges Rebalancing, die sog. Neugewichtung, vor. Jeweils am fünften Geschäftstag im Mai und November werden die Anlageklassen auf ihren ursprünglichen Anteil zurückgesetzt." Quelle: www.justetf.com

1.	Aktienfond aus Europa	15 %
2.	MSCI Emerging Market	25 %
3.	Aktienfond aus Asien-Pazifik	5 %
4.	Aktienfond aus den vereinigten Staaten	15 %
5.	Staatsanleihen Fond Europa	25 %
6.	Rohstofffond	15 %

High Dividend Exchange Traded Funds

Was genau ist eine Dividende? Dividenden oder auch Renditen sind der Anteil eines Gewinnes vom Unternehmen, welches prozentual an die Aktionäre ausgeschüttet wird. Auf der jährlichen Hauptversammlung wird über die Höhe der Dividende entschieden und richtet sich nach dem jährlichen Gewinn des Unternehmens. ETFs mit einer *High Dividend*-Strategie bilden einen Index ab, welcher ausschließlich aus Unternehmen mit hoher Renditenausschüttung besteht.

Die 5 wichtigsten Dividenden-Indizes

Der **EURO STOXX Select Dividend 30 Index** listet 30 der dividendenstärksten Unternehmen der Eurozone.

Der **S&P High Yield Dividend Aristocrat Index** listet die 60 dividendenstärksten Unternehmen des *S&P 1500* Index.

Der **UK Dividend Index** listet die 50 dividendenstärksten Unternehmen der vereinigten Königreiche.

Der **DivDAX** listet die 15 dividendenstärksten Unternehmen des DAX.

Der **STOXX Global Select Dividend 100 Index** listet die 100 dividendenstärksten Unternehmen aus dem *STOXX Global 1800* Index. Die wichtigsten Dividenden Indizes aufgelistet:

Index	KBV	KGV	Rendite
FSE DIVDAX PR EUR	1,04	13,40	5,42 %
STOXX Global Select	0,78	11,46	6,71 %
S&P Global Dividend	0,94	12,30	6,96 %
FTSE UK Dividend Plus	0,65	8,3	12,34 %
EURO STOXX Select	0,65	9,50	7,14 %

Quelle: https://de.extraetf.com/ratgeber/investieren-in-dividenden-etfs

Die Dividendenaristokraten

Einzelne Beispiele für Dividendenaristokraten sind Unternehmen wie *Johnson & Johnson, Coca-Cola, Siemens* und *Philip Morris*. Die Aktien solcher Unternehmen sorgen dafür, dass die Ausschüttung der Dividenden Jahr für Jahr ansteigen. Der Begriff Aristokrat wird nur benutzt, wenn Unternehmen über 25 Jahre durchgängig die Dividende angehoben haben. Die besten Dividendenzahler kommen aus bodenständigen Branchen und betreiben ein Unternehmen im Versorger-, Industrie-, Einzelhandel-, Banken- oder Immobiliensektor. Es sind viele ETFs auf dem Markt, die ausschließlich Indizes mit Dividendenaristokraten abbilden.

Die 5 größten Dividendenaristokraten-ETFs

Produkt & jährliche Dividende

Vanguard FTSE All World High Dividend Yield

3,40 %

iShares STOXX Global Select Dividend 100

4,15 %

SPDR S&P Global Dividend Aristocrat

3,70 %

Xtrackers STOXX Global Selected Dividend 100

4,98 %

Lyxor SG Global Quality Income NTR

4,58 %

Quelle: https://www.justetf.com/de/news/muster-portfolio/dividendenaristokraten-ertragreiches-dividenden-portfolio-einfach-mit-etfs-umsetzen.html

Weitere regionale Dividendenaristokraten-ETFs

Produkt. & jährliche Dividende

SPDR S&P Euro Dividend Aristocrat   2,98 %

SPDR S&P US Dividend Aristocrat   1,67 %

SPDR S&P UK Dividend Aristocrat   2,91 %

SPDR S&P Pan Asia Dividend Aristocrat

2,85 %

ETFs als passive Einkommensquelle

ETFs mit hoher Dividendenausschüttung eignen sich hervorragend als zusätzliche Einkommensquelle mit der „monatlichen Dividenden-Strategie". Durch die Auswahl der richtigen ETFs ist sogar eine monatliche Ausschüttung der Dividenden möglich. Dabei ist auf die Quartalsausschüttung und die versetze Anordnung der Fonds zu achten. Wenn ein ETF die Dividenden im Januar, April, Juli und Oktober zahlt, so muss der nächste ETF im Februar, Mai, August und November ausschütten. Dann benötigen Sie noch einen ETF für die übrig gebliebenen Monate März, Juni, September und Dezember. Somit ist es Ihnen durch dauerhaftes Besparen von nur drei ETFs möglich das monatliche Einkommen zu erhöhen. Für die Suche der passenden ETFs sind folgende Seiten als Informationsquelle zu empfehlen:

www.justetf.com

www.extraetf.com

www.etf1.de

Die wichtigsten Begriffe der Börse

In diesem Kapitel werden kurz aber genau, ein paar der wichtigsten Begriffe erklärt, welche man häufig zum bewussten Handeln an der Börse benötigt.

Aktive und passive Geldanlage

Dass ETFs zu den passiven Geldanlagen gehören ist nach dem Lesen dieses Buches verständlich. Seit geraumer Zeit gibt es jedoch auch die aktiv gemanagten Fonds. Diese werden von Fondsmanagern bewirtschaftet, deren Ziel es ist, den abzubildenden Index zu übertreffen, um eine noch größere Rendite zu erreichen. Aktiv geführte Fonds haben weitaus höhere Gebühren, welche unterm Strich die Rendite nicht unwesentlich schmälern. Diese Art der Fonds sollten nur genutzt werden, wenn es für den abzubildenden Index keine passive Alternative gibt.

Anlageklassen

Die Anlageklasse hängt unmittelbar mit der Risikobereitschaft zusammen. Die verschiedenen Arten von Anlagetypen wurden bereits im vorderen Buchteil erläutert. Auch bei den Klassen unterteilt man in die Gruppen der Risikofreude und Risikoscheu.

Anleihen

Anleihen sind Forderungspapiere, welche durch einen Kredit am Kapitalmarkt aufgenommen werden. Der Unterschied zu einem privat aufgenommenen Kredit ist, dass Anleihen nur öffentlich und nur von juristischen Personen aufgegeben werden. Anleihen unterscheiden sich zu herkömmlichen Krediten in verschieden langen Laufzeiten, Währung und ihrer Verzinsung. Die Verzinsung ist abhängig von gewissen Geschehnissen und unterscheidet sich in fest, variabel oder strukturierenden Renditen.

Ausgabeaufschlag

Beim Kauf oder Besparen eines ETFs zahlt der Anleger einen Ausgabeaufschlag. Entweder als feste Gebühr oder eine prozentuale Ordergebühr und Provision. Diese Gebühren variieren je nach Broker und Finanzprodukt.

Benchmark

Benchmark ist die Bezeichnung für eine Vergleichsgröße, die einem Fonds als Orientierung gegenübergestellt wird. Bei einem Fonds ist dieses in der Regel ein Index.

(Online) Broker

Der Broker (zu Deutsch: „Makler") ist als Dienstleister für die Umsetzung von Wertpapierordern von Investoren und Anlegern zuständig. Wie in der Regel üblich bekommt der Makler, für das Handeln im Auftrag des Anlegers, eine Vermittlungsgebühr oder eine Provision. Vereinzelte Broker bieten zusätzlich noch

Beratungstätigkeiten sowie Kauf- / Verkauf-Empfehlungen an.

Diversifikation

Diversifikation bedeutet die Streuung von Vermögen und Investitionen auf diverse Anlageobjekte.

Fundamentalanalyse

Unternehmensdaten, betriebswirtschaftliche Kennzahlen und Marktanalysen sind Fundamentdaten und somit die wichtigsten Attribute einer Fundamentalanalyse. Hierbei werden die inneren Werte eines Wertpapiers in Form einer Aktie ermittelt.

Geld-Brief-Spanne

Als Geld-Brief-Spanne wird der Abstand zwischen dem Geldkurs (der Preis, den Anleger bereit sind zu kaufen) und dem Briefkurs (der Preis, bei dem Anleger verkaufen würden) bezeichnet. Im Normalfall übertrifft der Briefkurs den Geldkurs.

Kapitalerhöhung

Die Kapitalerhöhung ist die Erhöhung des Grundkapitals eines an der Börse angesiedelten Unternehmens durch die Herausgabe neuer, junger Aktien. Dieses Verfahren muss zuvor in der Hauptversammlung von über 75 % der stimmberechtigten Aktionäre genehmigt werden. Die bisherigen Aktionäre haben das Recht ihre prozentuale Beteiligung durch den Kauf neuer, junger Aktien zu halten. Bei einer Kapitalerhöhung bekommen die Altaktionäre Gratis- oder Berichtigungsaktien.

Kurs-Buchwert-Verhältnis (KBV)

Das Kurs-Buchwert-Verhältnis ist eine Substanz orientierte Kennzahl zur Beurteilung der Aktienbewertung. Hier wird der Kurs einer einzelnen Aktie in Relation zu ihrem anteiligen Buchwert gestellt. Die Formel hierfür ist, wie folgt:

KBV = Kurs einer Aktie / Buchwert einer Aktie

Ein Beispiel: Laut Jahresabschluss hat ein Unternehmen 300 Millionen Euro Eigenkapital. 15 Millionen

Aktien sind von dem Unternehmen im Umlauf. Daraus ergibt sich ein Buchwert von 15,00 Euro je Aktie. Ein aktueller Aktienkurs von 13,50 Euro geteilt durch den zuvor ermittelten Wert ergibt ein KBV von 0,9.

Eine Theorie des Value Investing besagt, dass eine Aktie umso preiswerter ist, je tiefer der KBV ist. Ein guter Aktienwert entspricht ungefähr dem Buchwert. Aktuellere Bewertungsmethoden orientieren sich stattdessen an dem KGV, Kurs-Gewinn-Verhältnis.

Kurs-Gewinn-Verhältnis (KGV)

Das Kurs–Gewinn–Verhältnis ist eine häufig gebrauchte Kennzahl zur Beurteilung von Aktien. Hier wird der Kurs einer Aktie ins Verhältnis zu dem für einen Vergleichszeitraum bestimmten oder erwarteten Gewinn je Aktie gesetzt. Meistens werden hierfür Schätzungen für künftige Gewinne genommen.

KGV = Kurs einer Aktie / Gewinn einer Aktie

Ein Beispiel: Der aktuelle Kurs einer Aktie beträgt 135,00 Euro. Im vorherigen Geschäftsjahr ist ein

Gewinn von je 8,00 Euro je Aktie erzielt worden. Daraus ergibt sich:

KGV = 135 / 8 = 16,9

Seit den 1990er Jahren schwanken die KG-Verhältnisse von 12 (günstig) bis 25 (teuer) in Bezug auf den Gesamtmarkt.

Order

Der Kauf und Verkauf von Wertpapieren wird im Fachjargon als Order bezeichnet. Die am häufigsten verwendete Order ist die *Market Order*, in der Käufe und Verkäufe zum aktuellen Kurs getätigt werden. Hier spricht man von einer unlimitierten Order.

Limit-Order ist die Bezeichnung für eine Order mit festgelegtem Preis und/oder festgelegtem Zeitrahmen für die Ausführung.

Zum Beispiel wollen Sie die Aktie von Firma XY zu einem gewissen Kurs erwerben, welcher aktuell jedoch zu teuer ist. Mit der Limit-Order setzten Sie Ihren Wunschkurs für einen begrenzten oder offenen Zeitraum fest. Sobald sich der Wunschkurs der Aktie ergibt, wird die vorgespeicherte Order von Ihrem Broker getätigt.

Marktkapitalisierung

Die Marktkapitalisierung ist der rechnerische Gesamtwert der Anteile eines an der Börse notierten Unternehmens. Er errechnet sich aus dem Kurswert, dem an der Börse gehandelten Börsenkurs und der Anzahl, der im Umlauf befindlichen Aktien eines Unternehmens. Der Eigenbestand bleibt bei der Berechnung der Marktkapitalisierung unberücksichtigt.

Ein Beispiel:

Die Anzahl der emittierten Aktien (3.000.000 Stück) abzüglich der Anzahl der selbst gehaltener Aktien (350.000 Stück) ergibt die Anzahl der freien Aktien im Umlauf (2.650.000 Stück) multipliziert mit dem aktuellen Börsenkurses jeder Aktie (75,00 Euro) resultiert dann in einer Marktkapitalisierung von 19.875.000 Euro

Performancegebühr

Viele Fonds erheben neben laufender Verwaltungs- und Managementgebühren eine zusätzliche Performancegebühr, die in der Regel zwischen 4 % und 26 % liegt. Damit soll die gute Arbeit des Fondsmanagers belohnt werden.

Small, Middle und Large Cap

Bei Aktien unterscheidet man zwischen verschiedenen Größenklassen. Es gibt kleine und mittelgroße Unternehmen sowie große Konzerne. In der Börse gibt es für solche Firmen bestimmte Begriffe. „Small Caps" sind kleine Unternehmen, „Middle Caps" sind mittelgroße Unternehmen und „Large Caps" sind große Konzerne.

Large Caps, oder auch „Blue Chips", sind den meisten Menschen bekannt. Es handelt sich dabei um die größten Unternehmen des Landes. In den USA zählen unter anderem Microsoft, Amazon und Apple zu den Blue Chips. In Deutschland sind es Unternehmen wie BMW, die Deutsche Bank oder die Deutsche Telekom.

Large Caps haben Vor- und Nachteile. Solche großen Konzerne erweisen sich als recht robust. Oftmals können sie schweren Wirtschaftskrisen oder - wie aktuell - globalen Pandemien standhalten werden. Geriete ein so großer Konzern ernsthaft in Gefahr, würde der Staat vermutlich alles nötige unternehmen, um ihn zu retten. Doch solche großen Unternehmen haben auch einige nicht zu unterschätzende Nachteile. Viele dieser Konzerne erfahren so etwas wie eine schleichende Erosion ihrer wirtschaftlichen Stärke. Über viele Jahre entwickeln Firmen wie diese Eigenheiten und entfernen sich immer weiter weg vom Kunden. Zum Ende gleichen sie oft schwerfälligen Verwaltungen mit übergewichtiger Bürokratie. Auch ihre Innovationsfähigkeit leidet oft unter ihrer eigenen Größe.

Verwaltungsgebühr

Die ETF-Verwaltungsgebühr ist im Vergleich zu aktiv gemanagten Fonds sehr niedrig und beträgt zwischen 0,05 % und 0,75 % jährlich. Die Gebühren werden anteilig für jeden Tag errechnet und vom Fondsvermögen automatisch abgezogen.

Volatilität

Mit Volatilität wird der Schwankungsbereich von Wertpapierkursen, Rohstoffpreisen, Zinssätzen oder auch von Investmentfondsanleihen während eines bestimmten Zeitraums gemessen.

WKN und ISIN

Die Wertpapierkennnummer, kurz WKN, ist eine in Deutschland verwendete sechsstellige Ziffern- und Buchstabenkombination zur Identifizierung von Wertpapieren.

Die Internationale Wertpapierkennnummer, kurz ISIN, ist eine zwölfstellige Buchstaben- und

Ziffernkombination und fungiert wie die WKN als Identifikator an internationalen Börsen. Die ersten beiden Buchstaben der ISIN geben das Heimatland des Wertpapiers an. [8]

Das Fazit über Exchange Traded Funds

In den vergangenen Jahren ist der Markt für ETFs rasant gewachsen und das nicht ohne Grund. Ein charakteristischer und auch sehr wichtiger Punkt sind die niedrigen, laufenden Kosten und der minimale Zeitaufwand.

Gerade für Neulinge, die sich für Kapitalanlagen in Wertpapierform entschieden haben, ist diese recht risikoarme Variante der Anlage empfehlenswert.

Grundsätzlich sollte jedoch im Vorfeld gut recherchiert werden, welchen Art und Branche man besparen möchte, denn ETFs sind eine langfristige Investition, welche auch gut und gerne >30 Jahre gehalten werden können.

Durch die Abbildung eines bestimmten Index sollten sich Anleger darüber im Klaren sein, dass dieser auch Schwankungen erleiden kann und wird. In solchen Fällen heißt es wortwörtlich: Abwarten und Teetrinken. Panikverkäufe sollten strikt vermieden werden, da man durch solche Handlungen Geld verlieren kann.

Fazit:

Anleger, die im Vorfeld gut recherchieren und bei fallenden Kursen die Nerven behalten können, finden in ETFs eine langfristige und auch lohnende Investmentanlage.

Haftungsausschluss

Der Autor übernimmt keine Haftung für Risiken und den damit möglichen Geldverlust. Jeder Anleger sollte sich im Klaren über die etwaigen finanziellen Schäden sein.

Die Benutzung dieses Buches und die Umsetzung der darin enthaltenen Informationen erfolgen ausdrücklich auf eigenes Risiko. Der Verlag und auch der Autor können für etwaige Unfälle und Schäden jeder Art, die sich beim Besuch von in diesem Buch aufgeführten Orten ergeben (z.B. aufgrund fehlender Sicherheitshinweise), aus keinem Rechtsgrund eine Haftung übernehmen. Rechts- und Schadenersatzansprüche sind ausgeschlossen. Das Werk inklusive aller Inhalte wurde unter größter Sorgfalt erarbeitet. Dennoch können Druckfehler und Falschinformationen nicht vollständig ausgeschlossen werden. Der Verlag und auch der Autor übernehmen keine Haftung für die Aktualität, Richtigkeit und Vollständigkeit der Inhalte des Buches, ebenso nicht für Druckfehler. Es kann keine juristische Verantwortung sowie Haftung in irgendeiner Form für fehlerhafte Angaben und daraus entstandenen Folgen vom Verlag bzw. Autor übernommen werden. Für die Inhalte von den in diesem Buch abgedruckten Internetseiten sind ausschließlich die Betreiber der jeweiligen Internetseiten verantwortlich

*Dies ist ein Affiliate-Link. Der Autor bekommt ebenfalls eine Provision.

Quellenverzeichnis unter:

http://liquifinanz.de/quellenverzeichnis

Zusätzliche Anmerkung:

Alle vom Autor empfohlen Konten und Depots wurden getestet und befinden sich auch aktuell noch in Gebrauch.

Neben dem bereits genannten Depot von Trade Republic ist auch ein Depot bei der *comdirect* Bank empfehlenswert. Dort gibt es eine noch größere Auswahl an ETF-Anbietern und viele sparplanfähige ETFs ohne Ausführungskosten.

https://tinyurl.com/codi20 *